काव्य शतक

एक दिवसीय स्पंदन

डॉ॰ प्रवीण कुमार अंशुमान

प्रभाकर प्रकाशन

HB ISBN: 978-93-67932-98-8
ISBN: 978-93-67939-97-0
eISBN: 978-93-67932-62-9

© लेखकाधीन

प्रकाशकः प्रभाकर प्रकाशन
प्लॉट नं.–63, प्रथम तल, मेन मदर डेयरी रोड
पांडव नगर, ईस्ट दिल्ली–110092
फोन: 011–40395855
व्हाट्स ऐप : +91 9319228272
ई-मेल: sales@pharosbooks.in
वेबसाइट: www.prabhakarprakashan.com

प्रथम संस्करण: 2024

‘काव्य शतक’
की जन्म कथा के प्रेरक
मेरे मित्र
डॉ० कुमार विमलेंदु सिंह
को समर्पित

आमुख

कविता मनोभावों की अभिव्यक्ति है। मन में कौन सा भाव कब जन्म ले ले यह निश्चित नहीं होता। और कौन सा भाव कब शब्दों में ढलकर कविता बन जाए यह भी निश्चित नहीं होता। कविता केवल मनोभावों की अभिव्यक्ति ही नहीं होती, कवि की चेतना, अभिरुचि और जीवन-दर्शन का प्रतिबिम्ब भी होती है। कवि जब जिस मूड में होता है उसकी चेतना से उसी तरह की कविता का सृजन होता है। प्रेम में भीगा हो तो प्रेम की और दर्द में डूबा हो तो दर्द की कविता सृजित होती है। सामाजिक सजगता हो तो सामाजिक सरोकारों की और असंतोष हो तो आक्रोश की कविता का सृजन होता है। कवि प्रवीण कुमार अंशुमान जी की कविताओं में अनुभूतियों और संवेदनाओं के विभिन्न स्वर और छवियाँ अभिव्यक्ति पाती हैं। वह जो देखते और अनुभव करते हैं वही उनकी कविताओं में अभिव्यक्त होता है। अंशुमान जी अत्यंत ऊर्जावान कवि हैं, और इसका सबसे बड़ा प्रमाण है कि गत दो-तीन वर्षों के दौरान ही उनके कई काव्य-संग्रह प्रकाशित हो चुके हैं। यह उनकी रचनात्मक ऊर्जा ही है कि वह एक ही विषय, विचार या संवेदना पर अत्यंत त्वरित रूप से अनेक कविताओं का सृजन कर देते हैं। 'अंशुमान' जी मेरे अत्यंत आत्मीय और अनुज सम हैं। मुझे इस बात की ख़ुशी और गर्व है कि मैं उनकी सृजन यात्रा का साक्षी हूँ।

प्रवीण कुमार अंशुमान जी के पास अनुभवों की विविधता है। उनकी काव्य-अभिव्यक्ति में भी उतनी ही विविधता है। यह उनके काव्य कौशल का परिचायक है। प्रस्तुत काव्य पुस्तक 'काव्य शतक' के संदर्भ में कहना चाहूँगा कि किसी भी कवि के काव्य संग्रह में एक सौ कविताओं का होना सहज रूप से सम्भव है किंतु किसी कवि के

द्वारा एक ही दिन में एक सौ कविताओं का सृजन करना अत्यंत दुर्लभ और असम्भव-सा है। कवि प्रवीण कुमार अंशुमान जी ने दुर्लभ को सुलभ और असम्भव को सम्भव बनाया है। यह अपने आप में एक कीर्तिमान है। इसके लिए अंशुमान जी की जितनी प्रशंसा की जाए कम है। जिस गति और गहनता से वह कविता लेखन कर रहे हैं बहुत शीघ्र वह हिंदी काव्याकाश में एक नक्षत्र के रूप में दिखायी देंगे। मैं अंशुमान जी को उनकी उपलब्धियों के लिए हृदय की गहराई से बधाई और शुभकामनाएँ देता हूँ।

–डॉ० जयप्रकाश कर्दम

भूमिका

कविता में नहीं, काव्य निर्झर में भरोसा है मेरा। कविता शब्द का प्रयोग तो मेरे लिए केवल एक बाध्यता है क्योंकि वह शब्द जगत् के पृष्ठ पर सदियों से प्रचलन में है। जब भी 'कविता' शब्द का प्रयोग मैं करता हूँ तो उसका अर्थ अमूमन 'काव्य निर्झर' के रूप में ही होता है। कविता तो एक विधा के रूप में नियमों से बधी है जो उस पर बाहर से आरोपित किए जाते हैं। जबकि कविता के अपने नियम हैं; ये नियम भीतर से प्रस्फुटित होते हैं, न कि बाहर से। कविता भी बिना नियम के नहीं चलती है। बिना नियम के तो इस सृष्टि में कभी कुछ भी नहीं चलता है। मगर वे सारे नियम आंतरिक होते हैं, जिसे उपनिषदों ने 'ऋत' कहा है, लाओत्से ने 'ताओ' कहा है, और बुद्ध ने 'धम्म' कहा है। सबके कहने का अर्थ एक ही है – नियम। वह नियम जिससे वाह्य जगत् की हर चीज़ निर्धारित होती है या जो सबका नियामक होता है। कविता के आंतरिक नियमों को सूत्रबद्ध करके परोसा जा सकता है, परोसा गया भी है, फिर भी वह किसी सृजनकर्ता के लिए सृजन करने का ज़रिया सहजता से कभी भी नहीं बन सकता है। क्योंकि अन्तर्जगत् में जो किसी का आंतरिक है वह बहिर्जगत् में दूसरे के लिए वाह्य बन जाता है। और वाह्य सृजन के लिए सिर्फ़ प्रेरक बन सकता है, कारक नहीं। कारक तो सदा ही अंतर्निहित होगा जो कि सिर्फ़ और सिर्फ़ भीतर से प्रस्फुटित होगा, बाहर से नहीं। भीतर और बाहर का यह तालमेल इसी रूप में सदा विद्यमान रहता है, और इसी रूप में सदा ही विद्यमान भी रहेगा।

बीसवीं सदी के महान ऋषि और गुरु ओशो ने कहा है – "जीवन में जो भी श्रेष्ठ है वह भाव से आता है। बुद्धि से किसी भी श्रेष्ठता का न तो कभी जन्म हुआ है, और न कभी होगा।" इसलिए बुद्धि है वाह्य जगत् का यंत्र और भाव है अन्तर्जगत् का सागर। यंत्र कुछ भी कर ले, सागर को कभी पैदा नहीं कर सकता। वह किसी न किसी रूप में बस उसे बाहर

लाने का कार्य करता है। कविता के रूप में एक कवि-हृदय सागर को छोटे-छोटे रूपों में बस थोड़ी-सी जगह देने का कार्य करता है। इन छोटे-छोटे रूपों को मैं तो कविता भी नहीं कहता हूँ। कविता कहते ही ऐसा लगता है कि जैसे कोई डिब्बा है जो कि बंद हो गया है। यह शब्द सुनकर कोई चीज़ खुली मालूम नहीं होती है। मैं इन्हें अकविता भी नहीं कहता हूँ क्योंकि अकविता में नियमों से बचने की कवायद है और इस सृष्टि में नियमों से बचने का किसी के पास कोई उपाय ही नहीं है। चीज़ों के बनने और बिगड़ने दोनों में नियम ही काम करते हैं। बिना नियम के न तो सृजन संभव है और न ही विध्वंश। इसलिए मैं इसे 'काव्य निर्झर' कहता हूँ। इस शब्द को सुनकर कुछ भी बंद होने का ख़्याल नहीं आता। यह शब्द एक झरने की तरह निर्बाध रूप से बहते रहने का ख़्याल देता है। इस शब्द में जीवंतता है। यह शब्द जीवित होने का प्रमाण देता है।

सव्यसाची का मेरा व्हाट्सअप ग्रुप जिसे मैंने 15 मई 2020 को निर्मित किया था और जो अविचारों की अविरल धारा के साथ शुरू होकर नए-नए विधानों को रचता हुआ अभी तक निरंतर सृजन कार्य में संलग्न है, इसी आंतरिक नियम को प्रश्रय देता है। इसमें कविता की तरह दिखने वाली 'काव्य निर्झर' की धारा बहती है; शायरी की तरह दिखने वाली 'बावली' की रचना की जाती है; गीत की तरह दिखने वाली 'प्रीत' लिखी जाती है; ग़ज़ल की तरह दिखने वाली 'सजल' लिखी जाती है, और विचारों की तरह दिखने वाले 'अविचार' लिखे जाते हैं। लब्ध प्रतिष्ठ कवि और मेरे अभिन्न मित्र कविराज यदुवंशी ने सव्यसाची के मंच को "स्वयं में स्वयं की खोज" बताया है जो कि शब्दशः सही है। सव्यसाची से जुड़ा हर लेखक अपनी लेखनी के माध्यम से स्वयं को आविष्कृत करता है। वह दूसरे के लेखन से बस प्रेरणा भर लेता है मगर स्वर वह अपने स्वयं के सत्व को ही देता है। इस ग्रुप में जो कुछ भी रचा जाता है, वह दिखने में जिस किसी साहित्यिक विधा जैसा दिखता हो, मगर उसका उद्गम स्रोत सदा आंतरिकता के बोध से ही निर्मित होता है। अंतःकरण उसका स्वर है और उसके नियम प्रेरणा, भाव, और शब्द से मिलकर बनते हैं। उसकी धारा भीतर से बाहर की ओर निकलती है, न कि बाहर से भीतर की ओर।

सव्यसाची की इन नवीन विधाओं – 'अविचार', 'काव्य निर्झर', 'प्रीत', 'बावली', 'सजल' पर पुरानी किसी भी अन्य विधा का कोई नियम लागू नहीं होता है। इसका नियम 'ऊपर' से निर्दिष्ट होकर स्वयं के भीतर अदृश्य रूप में आता है। प्रत्येक सृजनकर्ता उस भाव दशा में आविष्ट होकर अपनी निजता के साथ सृजन करता है। हर सृजनकर्ता का सृजन इस पटल पर एक दूसरे के लिए प्रेरक बनता है, मगर हर किसी की रचना उसके भीतर के तत्त्वों

से ही केवल आविर्भूत होती है। यहाँ पर लिखने वाले प्रत्येक सर्जक के उसके अपने नियम हैं। किसी एक का नियम दूसरे पर न कभी आरोपित होता है और न ही उसके लिए नियामक बनता है। सब अपनी-अपनी स्वतंत्रता, अपनी-अपनी निजता और अपनी-अपनी शैली (स्टाइल) में लिखते हैं, या यूँ कहें कि अपनी व्यक्तिगत धारा में निर्झर होकर बहते हैं, सीखते हैं, और शनै: शनै: शब्द जगत् में निष्णात भी बनते हैं। मगर उनका लिखना और उनके लिखने के उपक्रम में उनका किसी भी लेखन कार्य में निपुण होना उनके अपने लिखे से ही केवल संबंधित होता है। उनका किसी दूसरे से किसी भी रूप में संबंधित होने का सवाल इस मंच पर तो कत्तई नहीं उठता है। सव्यसाची का लेखक किसी प्रसिद्धि के लिए नहीं, बल्कि आत्म-सिद्धि के लिए लिखता है। लिखने में उसे आनन्द आता है इसलिए लिखता है। शब्दों की दुनिया उसके लिए उत्सव की दुनिया है इसलिए रचता है।

आनंद बड़ी भीतर की बात है। आनंद हो तो शब्द चाहे जैसे भी निकलें, उनके माध्यम से आनंद ही प्रस्फुटित होता है। आनंद हो तो शब्दों में भी धीरे-धीरे लय, संगीत, भाव सब उपलब्ध होने लग जाते हैं। आनंद असली बात है। शब्दों को किसी नियम से आबद्ध कर लेने पर आनंद नहीं मिलता है, आनंद अगर मिल जाए तो शब्द भी आनंदित होकर लयबद्ध होने लगते हैं। मगर यह सब कुछ परोक्ष रूप में होता है, प्रत्यक्ष रूप में नहीं। ऐसे ही आनंद का एक आंतरिक अनुभव मुझे दिनांक 07 मई 2021 को सुबह-सुबह हुआ जब मैंने अपने अज़ीज़ मित्र डॉ० कुमार विमलेंदु सिंह (जाने माने युवा साहित्यकार, कवि, आलोचक, फ़िल्म समीक्षक इत्यादि) की एक छोटी-सी रचना उनके फ़ेसबुक वॉल पर पढ़ी। मेरे जीवन में उस वक़्त कविता लेखन का एक प्रचंड दौर चल रहा था। 30 से 40 कविताएं या कभी-कभी 50 भी मैं उन दिनों रोज़ाना ही लिख दिया करता था। उस दिन भी सुबह जगने के बाद मैं कविता ही लिख रहा था। मुझे याद है कि मैंने चार कविताएं लिखी ही थीं कि अचानक फ़ेसबुक खोलकर मैं उसकी वॉल पर स्क्रॉल करने लगा। और फिर विमल की वो कविता मेरे सामने आई जो उस दिन मेरे लिए एक प्रेरक का काम की:

"मैं नहीं कहूँगा
चुप रहूँगा
तुम ख़ूब कहो
मैं नहीं रोकूँगा,
तुम तो मुझे
सहिष्णु कहोगे न!

ठीक है फिर
मैं तुम्हें नहीं टोकूँगा।"

डॉ० विमलेंदु की इस रचना को पढ़कर मैं इतना प्रेरित हुआ कि अनायास ही मेरे मन में यह ख़्याल आया कि क्यूँ नहीं मैं भी ऐसी छोटी-छोटी रचनाएं लिखूँ। और उसी क्रम में आगे फिर मुझे यह भी ख़्याल आया कि क्यूँ नहीं आज ही ऐसी ढेर सारी (100) रचनाएं लिख डालूँ। फिर क्या था, सुबह के 05.38 हो रहे थे, और मैंने लिखना शुरू किया। मुझे याद है कि मैंने उस दिन पहली कविता 05.42 पर लिखी थी –

"रोक-टोक की बात नहीं,
नोंक-झोंक की रात नहीं,
तुम शान्त झील-सी
देख लो
मेरी आँखों में बस,
औ' इतने में ही
हो जाएगी सारी बात,
कट जाएगी पूरी रात।"

उस दिन घर की हर वो चीज़ जिस पर मेरी नज़र गई मेरे लिए प्रेरणा बन गई।

कोरोना काल का समय था। भय के माहौल में स्वयं को भुलावे में रखना भी उस वक़्त बेहद ज़रूरी था। और भय से दूर रहने का सबसे अच्छा तरीक़ा जो हम लोगों ने अख्तियार किया था, वह था – टीवी को बंद रखना और जब-जब मौक़ा मिले तब-तब लूडो खेलना। कुछ एक कविताओं को लिखने के बाद मैंने चाय नाश्ता किया और फिर एक राउन्ड में 25 कविताएं लिखने का विचार मन में बनाया। हर राउन्ड के बाद आराम करने की भी सोचा। इस प्रकार भाई, बहन, मम्मी, पापा या परिवार के कुछ और अन्य सदस्यों के साथ मिलकर लूडो खेलता और बीच-बीच में अचानक उठकर चला जाता था। चूँकि मुझे उस दिन 100 कविताओं की धारा को पूरा पकड़ना था इसलिए औरों की तरह मैं सहजता से लूडो नहीं खेल सकता था। मैं लूडो को बीच में ही छोड़कर जाने लगता और उन सबसे कहता कि – "अब मैं अपने कमरे में जा रहा हूँ। और कोई भी मुझे वहाँ डिस्टर्ब करने के लिए नहीं आएगा।" यह कहकर मैं हर बार मुस्कुराते हुए अपने कमरे की ओर चला जाता था। और लोग चिल्लाते हुए हर बार मुझसे यही कहते थे कि – "जल्दी आना। वरना लूडो

में हार जाओगे।" प्रत्युत्तर में मैं यह कहते हुए चला जाता कि – "कोई बात नहीं। जो मैं अभी करने में लगा हूँ, यह बड़ा काम है। अगर मैं इसे नहीं कर पाया या जो कुछ भी मेरे पास इस वक़्त आ रहा है यदि उसे मैं शब्द रूप नहीं दे पाया, तो यह दोबारा मेरे पास फिर कभी नहीं आएगा। आप लोग खेलो, जीतो, हारो। मुझे असल में कोई फ़र्क नहीं पड़ता।" यद्यपि मैं यह सब कहकर चला जाता था मगर इसका कोई विशेष फ़र्क उन लोगों पर नहीं पड़ता था। वे मुझे डिस्टर्ब करने नहीं आते थे मगर मेरी इस बात को वे लोग बहुत तवज्जो भी नहीं देते थे। वे लोग मेरी इस बात से पहले से ही परिचित थे क्योंकि मैं उस दिनों हर वक़्त लिखता ही रहता था, और हर बार उनसे यही कहता भी रहता था कि – "अगर ये चला गया तो मैं इसे फिर वापस कभी नहीं पकड़ पाऊँगा। तुम सब मेरे पास मत आओ। कृपा करके मुझे लिखने दो।"

बहुत बार मेरे साथ ऐसा हुआ भी कि कोई विचार मेरे मन में आया, और मैंने सोचा कि ये तो मुझे याद रहेगा ही। मगर बाद में वह भूल गया और दोबारा फिर मैं उसे लाख कोशिश के बाद भी कभी याद नहीं कर सका। तो ये बात शत प्रतिशत सही है कि भाव हमारे हाथ में नहीं होते हैं। वो अपनी मर्ज़ी से आते हैं और अपनी ही मर्ज़ी से चले भी जाते हैं। लिखने वाला बस उन्हें पकड़ता है; उन्हें शब्दबद्ध या पंक्तिबद्ध करता है। इससे ज़्यादा लिखने वाले का मूल्य भी नहीं है। मूल्य तो बस उसी का है जहाँ से वह आता है। मगर वह अदृश्य है। वह कभी पकड़ में नहीं आता है। जो पकड़ में आता है वह शब्द है जिसका कोई मूल्य नहीं, और जो नहीं पकड़ में आता, वह क्या है कैसा है किसी को कुछ ही पता नहीं। उन दिनों मैं अदृश्य से आ रही उन तरंगों को पकड़ता था, और शायद तब से लेकर आज तक मेरा उन्हें पकड़ने का सिलसिला ज़ारी है। मैं ऐसे किसी भी मौके को अपने हाथ से जानबूझकर तो नहीं ही जाने देता हूँ जब अदृश्य दृश्य रूप में आबद्ध होने को मुझे कभी भी तत्पर दिखाई देता है। अब इसमें अपने लोगों की उपेक्षा हो जाना स्वाभाविक-सा हो जाता है। मेरे जीवन में रचनाक्रम की धारा से सबसे ज़्यादा प्रभावित मेरी धर्मपत्नी (डॉ०) अनुप्रिया जी रहीं। उन्हें वक़्त न दे पाने का मलाल मुझे सदा ही रहता है मगर थोड़ी जद्दोजहद के बाद मैं सदा उन्हें समझा भी लिया करता हूँ। शब्दों पर ही दिनरात मैं काम जो करता हूँ।

मेरे मना करने के बाद मेरे कमरे में या उसकी ओर कोई नहीं जाता था क्योंकि उनको भी इतना तो पता चल ही चुका था कि कविता की रचना के वक़्त किसी की उपस्थिति कविता के निर्झर बहने में बाधा बन जाती है। सृजन अवरुद्ध हो जाता है। काव्य निर्झर के लिए शांत चित्त का होना पहली शर्त है। मगर कोई शांत चित्त में होकर

भी रचना कर ही सकता है ऐसा बिल्कुल भी ज़रूरी नहीं है। शांत चित्त के दौरान जो काव्य की देवी हैं उनकी कृपा भी अति आवश्यक है। और कृपा अगर किसी को मिल जाए तो उसका अहोभाग्य! वरना कृपा का मिलना या न मिलना सब कुछ संयोग की बात है; कुछ भी अपने वश में नहीं होता है। मिल जाए तो आनंद, न मिले तो कोई कुछ कर नहीं सकता है। शांत चित्त और काव्य शक्ति का जब भी मिलन होता है तभी कविता का जन्म होता है। और तभी कविता निर्झर होकर बहती है। ऐसे मिलन बिंदु का प्रतिफलन ही एक जीवित कविता होती है जिसे पढ़कर, सुनकर, और गुनकर कोई भी संवेदनशील हृदय आनंद से भर सकता है। क्योंकि काव्य की शक्ति जब प्रवाहित होती है, तब आनंद का झरना बहता है व आनंद का दीप जलता है। उस दिन आनंद का झरना निर्झर होकर बहा, और जो सुबह 05.38 पर शुरू हुआ वो 03.06 पर पूरा हुआ। आनंद की उस यात्रा में 100वीं कविता की धारा जो मुझसे होकर बही और प्रकट हुई, वह थी –

> "अब से
> कुछ देर के लिए ही सही
> मगर ठहरूंगा,
> आँख बंद करते ही
> हर रोज़ की तरह
> अब नहीं सोउंगा,
> अब तक का जीवन
> लगता है शायद
> कुछ सिखा नहीं पाया,
> अभी तक ज़िंदगी का गीत
> मैं गा नहीं पाया
> अब जीवन के गीत को
> मुझे हर हाल में गाना है
> जो अभी तक रहा मुझसे रूठा
> उसे अब मनाना है।"

उस दिन 100 दिशाओं में जो काव्य निर्झर की धारा बही, वही आज 'काव्य शतक' के रूप में साहित्य जगत् के पृष्ठ पर विराजमान है।

इस पुस्तक में संकलित छोटी-छोटी रचनाएं मेरे हृदय से निकली हैं, और मेरी यह शुभेच्छा है कि इसकी स्फुरणा हर पाठक के हृदय तक पहुँचे, और उनका हृदय भी स्पंदित होकर आनंद का अनुभव करे।

–डॉ० प्रवीण कुमार अंशुमान

साभार

काव्य निर्झर की मेरी इस शृंखला को परम प्रतिष्ठित आदरणीय **डॉ० जयप्रकाश कर्दम जी** (साहित्य जगत् के पृष्ठ पर एक अतुलनीय प्रतिमान) का स्नेह प्राप्त हुआ, इसके लिए मैं उनका ऋणी हूँ, और उनके प्रति अपना असीम अनुग्रह प्रकट करता हूँ। मैं अपने पिता **श्री फूलचन्द जी** (भूतपूर्व प्रबंधक, बड़ौदा यू०पी० बैंक, आज़मगढ़), अपनी धर्मपत्नी **डॉ० अनुप्रिया** (असिस्टेंट प्रोफ़ेसर, हिंदी विभाग, भारती कॉलेज, दिल्ली विश्वविद्यालय), अपने छोटे भाई **नवीन चन्द अंशुमान** (पोस्टमास्टर, भारतीय डाक, आज़मगढ़), अपने भांजे **धम्मरतन** (शोधार्थी, हिंदी विभाग, दिल्ली विश्वविद्यालय), और अपने प्रिय मित्र **कविराज यदुवंशी** (सहायक अध्यापक अंग्रेज़ी विषय, स्वामी योगानंद पूर्व माध्यमिक विद्यालय, चहनिया, चंदौली) का धन्यवाद ज्ञापन करता हूँ जिनके साथ विगत वर्षों में किए गए अनवरत संवाद ने एक शानदार, उपयुक्त और प्रभावशाली शीर्षक के साथ इस पुस्तक की समग्र यात्रा को इसके गंतव्य तक पहुँचाने में एक महत्त्वपूर्ण भूमिका अदा की।

मेरे प्रकाशन मित्र **श्री मेहर चन्द (मनोज) जी** को हृदय की अतल गहराई से मैं धन्यवाद देता हूँ जिनके स्नेह के कारण प्रतिष्ठित **प्रभाकर प्रकाशन** (नई दिल्ली) का बेहतरीन पटल मेरे सृजन कार्य को उपलब्ध हुआ है और मेरी यह पुस्तक ('काव्य शतक') वर्तमान रूप में प्रकाशित हो सकी है।

साथ ही, मैं **श्री दीपक वर्मा जी** (जिन्होंने पुस्तक की टाइप सेटिंग बेहतरीन ढंग से की) और **श्री वीरेंद्र भण्डारी जी** (जिन्होंने पुस्तक के शीर्षक के अनुरूप एक उत्कृष्ट कवर पेज डिज़ाइन किया) और **श्री अंशु चौधरी जी** (जिन्होंने पुस्तक को इसकी अंतिम परिणति तक पहुँचाया) का धन्यवाद करता हूँ जिन्होंने बड़े ही धैर्य और तन्मयता के साथ अपने-अपने कार्य को बड़ी ही ख़ूबसूरती के साथ सम्पन्न किया।

अनुक्रम

काव्य निर्झर

तुम शान्त झील-सी

रोक-टोक की
बात नहीं,
नोंक-झोंक की
रात नहीं,
तुम शान्त झील-सी
देख लो
मेरी आँखों में बस,
औ' इतने में ही
हो जाएगी सारी बात,
कट जाएगी पूरी रात।

२ तुझे बस देखने भर से

तुझे
बस देखने भर से
जो राहत
जो सुकूँ
रूह को
मिलती है,
वो किसी और को
देखने से
आजतक
कभी मिली नहीं।

धन्यवाद के भाव

उस रोज़

नींद से उठने के बाद

सूरज की रोशनी को देखकर

मैं अचानक ठिठक-सा गया,

एक पल के लिए

स्तब्ध रह गया

औ' सोचा कि अरे!

मैं तो अभी भी ज़िन्दा हूँ,

मैं आज भी सूरज देख पा रहा हूँ

औ' उस वक़्त से लेकर

आज तक

मेरा हृदय भरा है

केवल औ' केवल

धन्यवाद के भाव से।

२१ थोड़ा एक बार

रोज़
वही बिस्तर
वही नींद,
औ' फिर से वही
सुबह उठना
काम पर जाना
हर रोज़,
गर देखो तो
बस वही वही काम
हर रोज़,
ज़िंदगी नीरस ना लगे
तो आश्चर्य कैसा!
थोड़ा एक बार
काम, नाम, धाम
सब बदलकर
देखूँ क्या!

आवाज़ को दबाकर ५

शहर
सुंदर होकर भी
बहुत भद्दा है,
ये हर कोई
जानता है,
फिर भी
अपने दिल की
आवाज़ को
कहीं भीतर दबाकर
गाँव की मिट्टी से
विमुख होकर
औ' बक़वास चीज़ों के बीच
मौक़ा होने के बावजूद
ख़ुद को ज़िंदगी भर
न जाने क्यूँ सड़ाता है।

७ उनकी भूख को मिटते देख

छत पर आज
मैंने गेहूँ फैलाए
ख़ुद के पेट की
सेवा के लिए,
सूखने पर
जब उन्हें बटोरने गया
तो देखा
कई चिड़ियों ने
अपना पेट मेरे गेहूँ से
पहले ही भर लिया है,
उनकी भूख को मिटते देख
सच कहूँ!
तो मेरा पेट बिना कुछ खाए ही
भर गया,
अब मेरे गेहूँ से कभी भी
सिर्फ़ मेरा ही पेट
नहीं पलता, नहीं भरता।

अब कोई फ़र्क नहीं पड़ता

तुझे सोचकर भी
न जाने क्यूँ
मेरे भीतर
एक सुहाना-सा
एहसास
अब नहीं आता,
पता नहीं मुझे कि
तू फेल हुआ मुझे बताने में,
या मैं फेल हुआ
तुझे समझ पाने में,
ख़ैर! अब कोई फ़र्क नहीं पड़ता...
अब तो मैंने जो है जैसा है
वैसा ही बेशर्त स्वीकार करना
सीख लिया है।

८   अरे ! ये तो बस एक फ़िल्म है

फ़िल्मों को देखकर

बहुत कुछ

मेरे भीतर भी चलने लगता है,

औ' कई बार तो

भीतर ही भीतर

बहुत कुछ उबलने भी लगता है,

मगर ठंडे दिमाग से फिर

जब कभी भी सोचता हूँ

तो पाता हूँ कि

अरे! ये तो बस एक फ़िल्म है

औ' फिर क्या!

फिर मुक्त हो जाता हूँ तत्काल

अपनी सारी

आभासी चिंताओं से।

ज़रा-सी बदलाहट ७

ज़रा-सी बदलाहट
मौसम के रुख में
औ' हृदय की धड़कने
मेरी बढ़ जाती हैं,
महामारी के
वीभत्स काल के बाद
सामान्य औ' स्वाभाविक चीज़ें भी
जैसे बहुत भीतर से
मुझको घबरा देती हैं
मेरे भीतर बहुत कुछ को
बदल देती हैं।

१७   तुझसे अनजान हूँ मैं

तेरे साथ रहकर
तुझे जानने का
था दिल में
एक गहरा इरादा,
पता नहीं था
इतनी बेरहमी से
कैसे टूट जाता है
भ्रम ये सारा,
आज तुझे जानकर भी
अफ़सोस! साथी,
तुझसे अनजान हूँ मैं
क्यूँ? मुझे नहीं पता
क्या तुझे पता है?

पंखों की पत्तियां

आज पेड़ों की
पत्तियों को छोड़कर
अचानक नज़र
पंखे की पत्तियों पर गयी
औ' वो घूमती हुईं पत्तियां
मुझसे कहने लगीं
कि तुम भी तो जीते हो
अपनी ज़िंदगी
कुछ इसी तरह
मेरे जैसे ही।

१२ पूरी तरह बेख़बर

ख़ुद को
बचाने के लिए
कितना कुछ कर रखा है
आदमी ने यहाँ इंतज़ाम,
पर अपने सिवाय
किसी और जीव-जंतु को
नहीं करने देता है
वह ठीक ऐसा कुछ भी,
वो जीता है
केवल औ' केवल अपनी ज़िंदगी
औरों के दर्द से
पूरी तरह बेख़बर होकर।

पापा नमस्ते ! मम्मी नमस्ते !

सुबह-सुबह
उठकर
माँ-बाप को
देखते ही
निकलती है
मेरे मुख से पहली आवाज़ –
'पापा नमस्ते!'
'मम्मी नमस्ते!'
औ' फिर इससे अच्छी
कोई और बात
पूरे दिन मैं
बोल नहीं पाता हूँ।

१५ तुझे पीठ पीछे रखता हूँ

मेरी हर बात पर
तेरा भौं सिकोड़ना
मुझे निरन्तर
निराश करता है,
पर मेरे पीठ पीछे
लोगों से
मेरी तारीफ़ का वाकया
तेरे बाबत कुछ और ही किस्सा
बताता है
बस तभी से मैं
सदा अपने पीठ पीछे
तुझे रखता हूँ।

ढेर सारे लोगों की बुद्धि १5

बड़ी तीक्ष्ण है मेरी बुद्धि
पर किसी भी निर्णय पर
पहुँचने से पहले
दस-बीस बार सोचता हूँ
दस लोगों से बात करता हूँ
औ' फिर जाकर
कोई पुख़्ता कदम मैं उठाता हूँ
परिणाम जो भी हो –
तुम केवल 'मेरी' निंदा
या केवल 'मेरी' प्रशंसा
कभी भी नहीं कर सकते,
मेरे हर निर्णय में मेरे साथ
ढेर सारे लोगों की बुद्धि
जो लगी होती है।

१७. होमियोपैथी दवा

होमियोपैथी दवा की
मीठी गोलियाँ
या उसकी कसैली कुछ बूँदें
एलोपैथी से ज़्यादा
राहत देती हैं,
यह सोचकर कि –
एक तो कोई इसका
साइड इफ़ेक्ट नहीं
दूसरा कि –
होती है ये बड़ी सस्ती
तीसरा कि –
लगता नहीं है कि
ये दवा है, औ' फिर भी है,
इससे औ' आसान
कोई उपाय क्या हो सकता है
स्वयं को स्वस्थ करने का।

मशीन मुझको ढो रही है

लैपटॉप देखकर
मन में मशीन का
ख़्याल आता है
जो उसे बंद करने के बाद भी
मन से नहीं कभी जाता है,
पीठ पर लादकर
उसे हर जगह ले जाना
ज़िंदगी को जैसे पूरा
मशीन बना गया हो,
अब मैं मशीन को नहीं
मशीन मुझको ढो रही है।

१८ बूढ़ों की कतार में

दर्पण में देखते ही

चेहरे की चमड़ी

कुछ झूलती-सी दिखी,

आँखों के नीचे

कुछ कालिमा, औ'

धूमिल होती स्वयं की अपनी

पूर्व की प्रतिमा,

कुछ दाढ़ी के बाल भी

सफेद से दिखे...

बस तभी से

बूढ़ों की कतार में

ख़ुद को देखता हूँ

औ' गर कोई बच्चा

कभी अंकल कह देता है

तो ज़रा भी अब

मैं बुरा नहीं मानता हूँ

सूरत मेरी बदल गयी

रोज़ शीशे में
ख़ुद को देखकर
बड़ा गुमान
आता था मुझे,
अब कुछ दिनों से
सूरत मेरी
कुछ ऐसी बदल गयी
कि अब ख़ुद को
देखकर भी
पहले वाली बात
महसूस नहीं कर पाता हूँ।

२७ बीस साल बाद

अपने
बचपन की तस्वीर
देखकर
आज मैं अपने ही ऊपर
बहुत हँसता हूँ,
पर न जाने क्यूँ फिर भी
ख़ुद पर ढेर सारा गुमान
औ' फ़ख़्र मैं करता हूँ,
न जाने क्यूँ यह भूल जाता हूँ
कि बीस साल बाद
आज के ख़ुद पर
उस वक़्त का 'मैं'
ठीक इसी तरह से
उपहास करता हुआ हँसेगा।

ठीक वैसे ही

जीवन की
अनिश्चितता के संबंध में
कुछ भी
निश्चित करके चलना
ठीक वैसे ही है
जैसे पानी के
बुलबुले को लेकर
किसी का
किसी ठोस दुनिया की
कल्पना में लीन होकर
ख़ुश होना।

२२ सबसे बड़ी झंझट

किताबों के बीच
बड़ी तृप्ति मिलती है,
पढ़ने की नहीं
बस ये जताने की
कि देख, इतनी पढ़ रखी है,
मुझे कोई साधारण व्यक्ति
समझने की ज़रूरत नहीं,
बहुत कम ही लोग
किताबों को पढ़कर
ज़िंदगी के हो पाते हैं,
किताबी कीड़ों के साथ
बस यही तो एक
सबसे बड़ी झंझट है,
औ' उस झंझट से मैं भी
अफ़सोस!
मुक्त नहीं हो पाया।

घड़ी गलत है

दीवाल पर
टँगी घड़ी अरसों से
एक जैसा ही
समय बताती है,
न कभी कम
न कभी ज़्यादा
मगर अचरज ये है
कि पूरी तरह से
एक्यूरेट होकर भी
घड़ी गलत है,
ज़िंदगी घड़ी की सुइयों के जैसे
कभी भी एक्यूरेट होकर
नहीं चलती।

२४ न जाने क्या

सोते वक़्त
पैर इतनी गति करते हैं
जैसे इन्हें कहीं जाना है...
शरीर इतना मेल्हता है
जैसे इसे कोई महल बनाना है...
सपने भी
करते हैं ख़ूब विचरण
जैसे पा गए हों
किसी की शरण,
दिन में न जाने क्या-क्या
खोजते हैं
जो थकने के बाद रात को
फिर से बेचैनी में रहते हैं,
न जाने क्या हर रात को
वो ढूँढ़ते हैं?

क्या होगा प्यास का   २५

पानी की बोतल

सदा मेरे साथ रहती है

मगर वह पानी से खाली है

औ' खाली बोतल का क्या काम?

पर बोतल भरी हो तो भी क्या

कभी न कभी तो वह

खाली हो ही जाएगी,

औ' फिर क्या होगा प्यास का तब

जब खाली होने औ' भर जाने

दोनों के अस्तित्व को

सिर्फ़ भरने के उपक्रम से

पोषित किया जाता हो

बिना रुके, बिना थके।

२६ मगर ख़ुद तो हम

ए॰सी॰ लगाया है
मगर बन्द रखते हैं
हम तो देहाती हैं
खुली हवा में सोते हैं,
जब भी कोई कमज़ोर आदमी
आ जाता है घर
तो उसकी कमज़ोरी की पूर्ति में
ए॰सी॰ चलाकर
उसे ए॰सी॰ कमरे में सुलाते हैं
मगर ख़ुद तो हम
सदा पेड़ों की
हवाओं में नहाते हैं।

कुछ बयाँ करने को   २७

कुर्सी पर बैठकर
झूलता शरीर
या फिर हिलती टांग
या पलक झपकाती आँख
या फिर बेचैन मन
कुछ बयाँ करने को
सदा लगते उत्सुक
अफ़सोस!
न ख़ुद कुछ
पढ़ पाते
औ' न ही कुछ
कभी बता पाते।

२८ कपड़ों का क्या है

कपड़ों में
ढककर ख़ुद को
ख़ुद से ही
रखता है अनजान,
पर मरने पर
अपने को ही देखकर
कोई नहीं पाता पहचान,
औ' कपड़ों का क्या है?
वो तो आज नहीं कल
उतर ही जाते हैं,
थोड़ा अपनी सभ्यता,
संस्कृति से अलग हटाकर भी
ख़ुद के देह की पहचान
कर लेना ज़रूरी है।

सब कुछ व्यर्थ है   २७

मोबाइल चार्ज करने को

हर कोई

रहता है सदा बेताब,

जैसे मोबाइल

कहीं न कहीं

करता हो पूरा कोई ख़्वाब,

पर बिना बिजली के

सब कुछ व्यर्थ है

बस इतनी-सी बात

अपने सम्बंध में

मुश्किल से ही कभी

कोई आदमी समझ पाता है।

७० जो नहीं मिटेगा

सुबह उठते ही
आजकल पहला ख़्याल
बस कुछ यूँ ही
आता है –
कि पहले गर्म पानी पी लूँ
फिर योग कर लूँ
फिर काढ़ा
औ' फिर थोड़ा गरारा ,
हर ओर से इम्यूनिटी
उसकी सही करते
जो आज नहीं कल
इम्यून होने के बावज़ूद भी
मिट जाएगा,
अब भी जो नहीं मिटेगा
उसका ख़्याल
किसी को भी नहीं आएगा।

लम्बा जीकर भी

कई बार
ऐसा क्षण आता है
जब आदमी ख़ुद को
अनायास स्पर्श कर जाता है,
पर जीवन भर
अनजाने में रहकर बेहोशी में
अपना जीवन बिताता है,
लम्बा जीकर भी अफ़सोस!
वह ख़ुद को
मुश्किल से ही
कभी जान पाता है।

३२   अंतिम पैतरा

मच्छरों को देख
हर इंतज़ाम
आदमी करता है –
कभी धुंआ करता
कभी छिड़काव
तो कभी रैकेट लेकर
दौड़-दौड़ उन्हें मारता,
आजकल अगरबत्ती से भी
उन्हें गहरी नींद सुलाने का
प्रयास ख़ूब चलता है
औ' अंतिम पैतरा
जो उसे नहीं भाता
उसे भी वह आजमाता है
जब वह मच्छरदानी लगाता है
बस यह भूलते हुए
कि मच्छर के भोजन का
इंतज़ाम कैसे होगा?

हांडमांश का घर

घर में हर रोज़
सफ़ाई करनी है
चकाचक झाड़ू-पोछा
हरदम लगाना है
सारे कीड़ों-मकोड़ों को
दूर से भी दूर भगाना है,
घर को पूरी तरह से
क्लीन रखने की हर कोई
यहाँ मंशा रखता है
बस ख़ुद के हांडमांश के
घर को छोड़कर।

३५ आदमी की सोच

जूते पहनते-पहनते
एक दिन घिस जाते हैं
औ' उन्हें फिर एक दिन
फेंकना पड़ता है,

नया जूता लाना पड़ता है,
पर नए जूते की भी
वही पुरानी वाली तक़दीर होती है
पर आदमी की सोच
कभी भी पुरानी नहीं होती है,
न जाने कब के
गल गए उन जूतों में
आदमी सदियों से आज भी
घिसटकर चल रहा है।

टेबल देखो
कुर्सी देखो
या अगल-बगल
कुछ भी देखो
हर चीज़ ख़ुद को
सम्हालती है,
पर आदमी है कि वह
दूसरों को सम्हालता है
अक़्सर तो ख़ुद को
सम्हालने से पहले।

३७ अंधेरों को मिटाने के लिए

लाइट कटने के बाद
कमरे में घुसते ही
अचानक
कितना अंधेरा छा जाता है,
उंगलियां
जल्दबाजी करने लग जाती हैं
टटोलते-टटोलते
बिजली के बोर्ड तक
जैसे ही पहुँचती हैं
तुरंत लाइट जला देती हैं,
पर आदमी अपनी ज़िंदगी के अंधेरों को
मिटाने के लिए
क्या कभी इतनी ही
जल्दबाजी करता है?
अँधेरों में इतनी हड़बड़ाहट में
कुछ भी टटोलता है?

चाहिए बस वह ज्ञान

आदमी की आँख पर
जब कभी रोशनी पड़ जाए
तब उसे पता चलता है
कि तेज़ रोशनी में भी
आँखों से नहीं दिखाई देता है,
जैसे घुप्प अंधेरों में
आँखों से नहीं दिखता,
वैसे ही तेज़ रोशनी में भी
आँखों से नहीं दिखता,
न चाहिए रोशनी
न चाहिए अंधकार
चाहिए बस वह ज्ञान
जो करे ज्ञान को साकार।

३४   आदमी का ध्यान

नहाते वक़्त अपना शरीर

पूरा का पूरा

सबको समझ आता है

थोड़ा बहुत तो सबको ही

अपनी देह पर

गुमान आ जाता है

पर दर्पण में देह के सिवाय

अदेह भी दिखता है

पर आदमी का ध्यान

उस ओर नहीं कभी सरकता है

औ' न ही सरकता है

कभी शमशान घाट की ओर

जहाँ हर रोज़ हर शरीर

पूरी तरह से

जलकर ख़ाक होता है।

अब तो जब तब

रोज़ पत्तों की
सरसराहटों के बीच
सुनता हूँ जीवन का संगीत,
हवाओं का गीत भी
मेरे ध्यान में आता है,
जब जीवन एक अद्भुत धुन
तल्लीनता से बजाता है,
अब तो जब तब
बस वही गीत सुनता हूँ
जो ज़िंदगी
जब तब मुझे सुनाती है।

४७ दोष किसका है

पहले ख़ुद को
कमज़ोर करो
औ' फिर कमज़ोरी की
गोली खाओ,
फिर हर वो काम करो
जो नकली सुख दे
औ' करे
आभासी अहंकार का पोषण
औ' फिर तुम भी
करो सबका शोषण
औ' फिर एक दिन
पाँच मिनट भी धूप में
खड़े होने के लायक
तुम न बचो
तो बताओ,
दोष किसका है।

सीढ़ी एक ही है

सीढ़ियों से तुम
हर रोज़ नीचे उतरते हो
फिर वापस उन्हीं सीढ़ियों से
रोज़ ऊपर चढ़ते हो,
फिर भी न जाने क्यूँ
तुम यह नहीं देख पाते
कि सीढ़ी एक ही है
जो नीचे औ' ऊपर जाती है
औ' जो एक साथ दोनों से जुड़ी है,
तुमको तो बस इतना ही देखना है
कि तुम्हारा ध्यान
किस ओर की सीढ़ी पर है।

४२ जानने का भ्रम

गाड़ी रोज़ चलाते हैं
पर आख़िरकार
वह चलती कैसे है
ये मुश्किल से ही
किसी को पता है,
शायद इसे पता करने की
ज़रूरत भी नहीं है,
इसी तरह आदमी भी
बहुत सारे काम करके
उनके बारे में
ज़रा भी नहीं जान पाता है,
बस जानने का भ्रम
वह ज़रूर पाल लेता है,
आदमी यह काम
केवल गाड़ियों के ही सम्बंध में करता
ऐसा नहीं है।

बस एक जगह को छोड़कर ४३

पोछा लगाने वाली ने
बाल्टी में पानी भरकर
पोछे को उसमें डालकर
पूरा निचोड़ दिया,
ख़ूब रच-रचकर फ़र्श को
दीवाल के कोने-कोने तक
साफ़ किया,
फ़र्श हर रोज़ की तरह
ख़ूब चमचमाता है
बस एक जगह को छोड़कर –
'अंतरतम'
जिस पर कभी कोई
पोछा नहीं लगाता है।

५५ प्रेम का भुलावा देकर

हर रोज़ सुबह
आकर कुर्सी पर बैठना
औ' ये सोचना
कि नाश्ता आ जाए,
काढ़ा आ जाए,
भोजन, पानी, दाना
सब बैठे-बैठे ही आ जाए,
इस बात को भूले
कि कोई यहाँ पर
किसी का नौकर नहीं है
जो बैठाकर खिलाए पिलाए
पर प्रेम का भुलावा देकर
यहाँ सब चल जाता है।

आदमी का बच्चा

इस सृष्टि का हर बच्चा

अपनी ही माँ का दूध पीकर

बड़ा होता है

अफ़सोस है कि

आदमी का बच्चा बड़ा होकर

दूसरे की माँ का दूध

पीने में लग जाता है,

उसकी अपनी दुनिया में

ठीक यही काम

उसे स्वयं भी कभी भी

बर्दाश्त नहीं हो सकता

पर इस पर आमतौर से

वह कभी भी नहीं है सोचता।

४६ आदमी का मन

आदमी का मन

बहुत बड़ा है खिलाड़ी

पर यह उनका कुछ नहीं बिगाड़ पाता

जो रह जाते निपट अनाड़ी,

साधुओं ने भी यही एक बात

गज़ब की कह दी है

कि सीखने के बाद

भुलाना पड़ता है,

जो कर पाता ऐसा जीवन में

उसका जीवन स्वर्ग हो जाता है।

बच्चे के कंधे पर

जब तू था ख़ुद ही
बहुत परेशान,
रास्ता तेरा भी था
नहीं ज़रा भी आसान,
तो फिर वही गलती
तू कैसे दुहराता है?
अपने बच्चे के कंधे पर रखकर
अपनी बंदूक
बता, तू क्यूँ चलाता है?

४८ काँटा जब निकल जाता है

जब कभी अचानक
कोई काँटा
पैर में चुभ जाता है,
दूसरे काँटे के सहारे
हर कोई सहजता से
उसे बाहर निकालता है,
काँटा जब निकल जाता है
तब बड़ी राहत मिलती है,
मगर रूह में भी काँटे धँसे हैं,
उन्हें बाहर निकालने की
यहाँ पर किसी को
कोई ख़बर नहीं है।

धीरे-धीरे

धीरे-धीरे
शरीर का
एक-एक अंग
गलने लगता है,
आदमी अपने भीतर
एक-एक करके
बिखरने लगता है,
इन सबके बावज़ूद
कभी भी ख़ुद को
गौर से देखने की
वो फ़िक्र नहीं करता है
औ' फ़िज़ूल ही मौत से
वह जीवन भर डरता है।

५७ तभी बस जागना है

हर कोई
यहाँ पर
रोज़ सोता है
रोज़ उठता है,
सोने में कोई जागा हो
या सुबह उठने पर
सच में ही जाग जाता हो
ऐसा कोई नहीं दिखता है,
जब सोने वाला जागे
या जागने में स्वयं हो जाए
तभी बस जागना है।

वह भी पेड़ जैसा

पेड़ों पर
हरे पत्ते हैं
साथ में सूखे
पत्ते भी,
सब क्रमवार
सदा चलता है यहाँ पर,
कोंपल, हरा, पीला
औ' फिर सूखकर
पेड़ से गिर जाना,
पेड़ इसे नहीं जानता
पर आदमी इसे जान सकता है
अफ़सोस!
वह भी पेड़ जैसा ही
अक्सर रह जाता है।

५२ मुझे नहीं फ़िक्र

तुम्हारे चाहने मात्र से
मैं सदा चुप रहूँ
ये कहाँ सम्भव है?
ना समझ तू ख़ुद को
इतना वैभवशाली या वैविध्यपूर्ण...
मुझे नहीं फ़िक्र तेरी
औ' न ही करता
मैं तेरे समझ की फ़िक्र ज़रा भी
औ' न ही चाहता हूँ
कि तू समझे मुझे सहिष्णु
या असहिष्णु
मुझे बस अपनी बात को
बेबाक़ी से कहना है, बस!

फिर कम्युनिज़म आया ७०

मूर्तियों में
तूने किया था
ग़ज़ब का आविष्कार,
करके ख़ुद की प्रतिमा का
अप्रतीम परिष्कार,
निराकार को तूने
दिया था अनूठा एक आकार,
बुद्धि को मिली थी तेरे
अतुलनीय एक धार,
औ' फिर कम्युनिज़म आया
सारे स्तंभों को
ध्वस्त करके छीन लिया
तेर धार्मिक होने का अधिकार।

५४ प्रेम से बढ़कर

प्रेम के
रिश्तों के बीच
तू अपनी नज़र को
क्यूँ होने देता है मैला?
क्या तुझे
प्रेम से बढ़कर
कुछ और अनोखा
कभी नहीं मिल पाया?
क्या प्रेम से श्रेष्ठ कोई अनुराग
तुझे कोई कभी नहीं सिखा पाया?
तुझे कभी भी
मस्ती में नचा नहीं पाया?
यूँ ही अनायास
मत चूक जाने देना
प्रेम को प्रेम से
या प्रेम को बेहतर से।

तीक्ष्ण बुद्धि का आघात ५५

अपने पराये के
बीच का भेद तो
तुमको पूरी तरह स्पष्ट है,
पर दिखावा
सबको एक जैसा देखने का
तुम सदा से करते आ रहे हो,
तुम यह नहीं जानते
कि छुपा नहीं सकते हो
तीक्ष्ण बुद्धि के आघात से
स्वयं को
अपने तथाकथित
बुद्धिमान से बुद्धिमान
कृत्यों के बीच भी।

५६   प्लास्टिक के फूल

घर में
प्लास्टिक के फूल
लगाने के
तुम इतने ज़्यादा
शौक़ीन हो गए
कि तुम्हें ख़बर ही नहीं रही
औ' शायद तुमने कभी
सोचा भी नहीं
कि इन फूलों को अपने घरों में
लगाते-लगाते
या शायद उन्हें लगाने के पहले से ही
तुमने अपनी ज़िंदगी को
प्लास्टिक जैसा ही बना लिया —
यथार्थ से दूर,
कृत्रिम औ' बनावटी।

ख़ुद का धंधा

थोड़े-सा जीवित
लगता है कि तुम
अभी भी हो,
पेड़ पौधों को
अपने आंगन तक लेकर
जो आए हो,
पर तुम्हारे नाम से
मैंने कई जगह
बड़े-बड़े बैनर भी देखे हैं,
शायद तुम्हें उन पौधों से ज़्यादा
या उनके ज़रिए
ख़ुद के धंधे को ही
बस चमकाना है।

५८ तुम आदमी ही अच्छे हो

तुम्हारी पूजा
तुम्हारी आदत से निकलती है,
औ' प्रार्थना भी तुम्हारी
बस रटी रटाई ही चलती है
तुम आदमी तो बहुत अच्छे हो
क्योंकि तुम आदमी ही अच्छे हो
वरना पूजा-पाठ करते
सबसे ज़्यादा तो
शायद पोंगा-पण्डितों को
या फिर पाखंडियों को ही
यहाँ पर देखा गया है।

होश का दीया

आदत से हटकर
कुछ भी आविर्भूत
तो बस कभी-कभी ही होता है,
जब किसी का संसारी दिमाग
जागृत होकर सोता है,
तभी शायद
होश का दीया लेकर
आदमी यहाँ पर चलता है,
पूजा-पाठ करे न करे
अपनी किस्मत को
तब वो ख़ुद ही लिखता है,
काबा-काशी को
फिर अपने भीतर ही
लेकर वह चलता है।

७० माया के भी हज़ार बिंदु

एक मौत के कारण

सब कुछ व्यर्थ

नहीं हो जाता कभी यहाँ पर,

आदमी के जीवन में

उसकी भौतिक काया में

माया के भी हज़ार बिंदु हैं,

हर एक रन्ध्र की पूर्ति

है बहुत ही ज़रूरी,

बस ध्यान रहे इतना

कि किसी की भी जानकारी

उनमें से कभी न छूटे अधूरी।

बस यूँ ही ज़िंदगी में

सुबह-सुबह
हल्दी का काढ़ा
बना हुआ था,
काफ़ी सामग्री के संग
हल्दी का भी
बदल चुका था रंग
औ' काढ़े का पुराना ढंग
बस ऊपर उसकी सरफेस पर
काले कुछ चींटे से दिखते थे,
बाद में पता चला
कि ये तो जले हुए जीरे थे,
ज़िंदगी में भी बस यूँ ही
बहुत बार कुछ का कुछ
दिखाई दे जाता है।

६२   पूरी तरह चेतन होकर

सूखी लकड़ी
जब पूरी तरह से कभी
सूख जाती है
तो जलने पर
धुएं को ज़रा भी
हवा नहीं दे पाती है,
बस जलती है
शुद्ध रूप से
कुछ इसी तरह से
आदमी भी
पूरी तरह चेतन होकर ही
काले धुएं से मुक्त होकर
जलता है, पलता है।

निज निलय की जड़ें

निज निलय की जड़ें
अत्यंत गहरी होती हैं
उनका पता लगाना आमतौर पे
बहुत मुश्किल होता है,
जीवन भर संग रहकर,
उठकर, बैठकर, जागकर
जीवन की सारी खोजों के बीच
उसकी प्रत्यभिज्ञा
कर्मठ से कर्मठ व्यक्ति को भी
शायद ही कभी हो पाती है,
जड़ की ख़बर कम से कम तो
होनी ही चाहिए
मगर हो नहीं पाती,
यही सच है।

७४ पाखंडी ज़िन्दा लाश

शांति की तलाश
आदमी के जीवन में
बिल्कुल ही बक़वास है,
शोर शराबा ही तो
उसके जीवन में
केवल ख़ास है,
फ़िज़ूल ही
वह कहता है
उसको सादा जीवन
आता बहुत रास है
यूँ ही नहीं आदमी की
इस धरती पर चलती
पाखंडी ज़िन्दा एक लाश है।

प्रेम में निहित सूत्र ७५

प्रेम की
अपनी-अपनी
हर कोई
गढ़ लेता है परिभाषा,
बस इसीलिए छूट है जाती
इस जीवन से
जीवन की सारी प्रत्याशा,
प्रेम में निहित सूत्र को
जब तक कोई जान नहीं लेता
तब तक प्रेम के नाम पर
चलने वाले शोषण की
वह पहचान नहीं कर पाता।

66   तेरी संवेदनाएं

तू अपनी
बड़ी कार में बैठकर
ख़ुद को बड़ा
समझ लेता है,
छोटी कारों को देखकर
थोड़ी देर को
हँस भी लेता है,
वस्तुओं से संबंधित होकर
तेरी संवेदनाएं भी
आज वस्तुओं की तरह ही
निर्जीव हो चुकी हैं
बस इसीलिए
तेरा सारा सोचना विचारना
मृतप्राय होने से ज़्यादा
कुछ और नहीं है।

लोकतंत्र का ढिंढोरा

राजनीति में दो के बीच
हर आदमी यहाँ पर
किसी एक को
चुनने को मजबूर है,
इसीलिए शायद
आधी जनता
यहाँ पर मजदूर है,
जब तक पैसे, दारू पर
आमजन बिकना
नहीं करेगा बंद
लोकतंत्र का
ढिंढोरा पीटने वाले की
गति नहीं होगी कभी भी मंद।

६८ जीने का सलीक़ा

ज़रूरत के हिसाब से

ज़िंदगी को

जीने का सलीक़ा

सीख ले तू मुसाफ़िर,

क्या लेकर जाएगा

तू यहाँ से आख़िर,

इसका आकलन

तुम देख लेना

कोई और नहीं करेगा

गर छलावा तूने

ख़ुद से किया

तो तू ही बस तू ही

हर्जाना ख़ुद भरेगा।

हीरो के साथ खड़ा ७

ज़िंदगी में
हर किरदार
हर ओर हैं फैले,
किसी की चादर गीली है
तो किसी की सूखी
या फिर किसी की मैली,
पर ये बड़ा अजीब-सा
लगता है कि
कहानियों, सीरियल्स
के किरदारों में
हर कोई ख़ुद को
बस हीरो के साथ
खड़ा करके ही देखता है।

७० दिखावे की ज़िंदगी

दिखावे की
ज़िंदगी में
हर कोई बर्बाद है यहाँ,
दोहरी सोच का क़िस्सा
बता तू
नहीं मिलता है कहाँ?
इसी व्यर्थ के उपक्रम में
आदमी जाता है टूट
शिलालेख-सा
सख़्त होकर भी उसका जीवन
जब जाता है उससे रूठ।

मैं जानता हूँ

तुम सदा
मेरे लिए
रहते हो उपलब्ध
यही सुख का
सबसे बड़ा
कारण है मेरी ज़िंदगी का,
कभी-कभी
अपरिहार्य होने पर भी
जब कभी
तुम समय नहीं दे पाते,
मेरे लिए कुछ नहीं कर पाते
तब भी मैं तुमसे
नाराज़ नहीं होता हूँ,
मैं जानता हूँ
तुम्हारे निश्छल,
निष्कपट हृदय को।

72 मैं जैसा हूँ, वैसा ही हूँ

कपट मेरे संग
तुम भी कभी-कभी
कर ही जाते हो
मन में तुम्हारे
फिर भी कपट नहीं होता
ये जानता हूँ मैं,
पर शायद किसी बात की
कमी मेरी ओर से
या तुम्हारे समझने में
मेरे लिए रह ही जाती है
वरना तुम्हें मुझसे कम से कम
झूठ तो नहीं बोलना पड़ता,
मैं जैसा हूँ, वैसा ही हूँ,
सदा-सदा वैसा ही रहूँगा
तुम बस यह जानकर
मुझे स्वीकारना
औ' वैसे ही व्यवहार करना।

और तो और

तुम्हारे इतना
महीन बने रहना
तुमको क्या फ़ायदा
देता है, बताओ...
तुम्हारे बारे में
जो अच्छा सोचते हैं
औ' जिन्हें तुम
न तो जान पाते हो
न ठीक से पहचान पाते हो
और तो और
उन्हें खोने से तुम स्वयं को
बचा भी नहीं पाते हो।

न जाने कहाँ

जिसे छोड़
तुम यहाँ से गए थे
उसे तुम
वहाँ भी छोड़ोगे,
जिसे पकड़कर
तुम वहाँ गए
उसे ही पकड़कर
तुम यहाँ भी
रुक सकते थे,
अफ़सोस!
जिसे सोचकर
तुम गए वहाँ
वो खो गया है आज
न जाने कहाँ।

७५

व्यथिक हृदय

कोई तुम्हारा
गर कभी करे त्याग
तो इस बात का
सदा रखना तुम ख़्याल,
जो उसकी मर्ज़ी में है
वही वो करता है
उस पर तुम्हारा ज़ोर
नहीं हो सकता है,
व्यथिक हृदय वास्तव में
बस तभी होता है
जब तू स्वयं ही ख़ुद को
त्याज्य समझता है।

७६ दुविधाओं की दुनिया

मन हमेशा ही
घबड़ा जाता है
जब कभी वह
दो के बीच आकर
फँस जाता है,
दो राहों के बीच
छुपी होती है
अनन्त सम्भावनाएं
जहाँ स्पष्ट कुछ भी
कभी दिखाई नहीं देता है,
मगर दोनों पक्षों में से
किसी एक पक्ष के पक्ष का निर्णय
निर्णय देकर भी
दुविधाओं की दुनिया से
मन कभी भी पूरी तरह
दूर नहीं हो पाता है।

गर योग में आज भी

तोड़ने मरोड़ने को
सब राजी हैं
आज योग के नाम पर
कुछ भी करने को हैं तैयार,
पतंजलि के नाम पर
योग में अभिरुचि आज
बस शरीर तक है
ख़ुद को सीमित करने को,
वरना ध्यान की बात
भाती है यहाँ पर किसको?
गर योग में आज भी तू
ध्यान की बात कर ले सम्मिलित
तो फिर किसी का भी नाम
तुझे नहीं मिलेगा
योग विधा में कभी उल्लिखित।

७८   योग की धारा

योग की धारा
आज चल तो पड़ी
पर उसके पीछे
कोई योग नहीं,
भोग-विलास की दुनिया में
रोगी हो गए सभी,
आज की दुनिया
हो गई केवल शरीरवादी
ध्यान की सबकी
छिन गयी आज़ादी,
भौतिकता के ख़ातिर
योग भी बन गया आज
बस एक साधन
केवल एक साधन
शरीर को ठीक करने का।

भीतर की सुधि

हमारी दुनिया में
बाहर भी बहुत कुछ
भीतर भी बहुत कुछ
पर भीतर का सब कुछ
रहता है यहाँ पर छुप-छुपकर
या यूँ कहें
कि सब कुछ छुपाकर,
बाहर लीपापोती पूरी चलती है
कोई भी बाहर छोड़ भीतर की
सुधि कभी लेता ही नहीं।

८७ सूचना का तंत्र

हज़ार बातों के बीच
मुश्किल हो जाता है
ये तय करना
कि कौन सी बात सही है
औ' कौन सी गलत,
इतना सूचना का तंत्र
विस्तीर्ण हो चला है
आदमी जिसके समक्ष
कितना छोटा हो चला है
जब तक आदमी ख़ुद ही
ख़ुद के लिए
बड़ा नहीं हो जाता है,
दुनिया की हर चीज़
उसे छोटा ही
साबित करने को अभिसप्त है।

ताश का मोहपाश

ताश के पत्तों से
घर बनाकर
सदा ही
गिरा देते थे हम,
पर ज़िंदगी भर
न जाने क्यूँ
ताश के मोहपाश में ही
फँसकर रह गए हम,
काश! ज़िंदगी भी
ताश के पत्तों की तरह
पूरी की पूरी
ज़ेहन में कभी उतर जाए
तो आदमी की ज़िंदगी
एक पल में
निरपवाद सुधर जाए।

८२ जीवन की ओर

किताबों से प्रेम
होता है बहुत निराला
किताबों में न जाने कितनों ने
अपना जीवन पूरा व्यतीत कर डाला,
पर किताबों से असली प्रेम की पहचान
तू एक ही समझना,
जब किताबें जीवन की ओर
करने लगें स्वयं को उन्मुख
औ' बचने लगें दिमाग में बसने से
किसी मुर्दे शब्द की तरह।

शब्दों के पीछे

शब्दों का अम्बार
खड़ा कर रखा है
कुछ इस तरह
कि जैसे शब्दों के सिवाय
जीवन में कुछ और
कहीं पर है ही नहीं,
खोजने को कहीं कुछ भी
और बचा ही नहीं,
पर शब्दों के पीछे जो
निःशब्द को छोड़ दे
उसकी ज़िंदगी का रुख़
अजीब ही रुख़ ले लेता है।

८५ शाश्वत शरीर

गर्मी सहने की
क्षमता जब कभी
शरीर से खोने लगती है,
बस उसी समय समझ लो
तुम्हें ख़ुद के साथ
काम करने की ज़रूरत है,
पर शरीर को ही अंत तक
मत ठीक करते रह जाना
उस पर भी नज़र ले जाना
जो शरीर को ठीक-ठीक
देखना चाहता है।

सद्भाव का व्यवहार ८५

किस तरह
वो बुलाता है तुझे
बहुत कम को है मालूम,
तेरे भावों को
बड़े भीतर से पढ़कर
वो तुझसे आशा करता है
कि तुम ही वो शख़्स हो
जो कर सकता है
कुछ सद्भाव का व्यवहार
उनके साथ
जिन्हें अमूमन
मनुष्य के श्रेणी में भी
नहीं रखा जाता है।

८६ समय के चंगुल से दूर

मेरा समय
बस मेरे पास है,
उसी से जगती
मेरे जीवन की प्यास है,
मेरा आवास
किसी को नहीं आता रास
मेरी ज़िंदगी में
उपस्थित नहीं कहीं भी
कोई 'काश'
मैंने मेरे समय को
समय के चंगुल से दूर
समयातीत में
सुरक्षित रखा है।

हम दोनों के समय

तू अपने समय को
लेकर सदा चलता है
मैं भी अपने समय को
सदा अपने साथ लेकर ही चलता हूँ,
हम दोनों के समय
समय होकर भी
किसी समय भी
शायद ही कभी मिलते हैं,
कहीं गर संयोगवश मिल भी जाएं
तो भी मिलते हुए भी
बस साथ होने का एहसास देते हैं,
हम सब
एक समय में होकर भी
अलग-अलग समय में
सदा जीते हैं
हम मिलकर भी
नहीं कभी मिलते हैं।

८८ कामचलाऊ संवाद

संयोग से ही तो
हम एक दूसरे को
समझते हैं,
शायद काम चलाने के
तल तक ही केवल,
वरना दो सागरों के बीच
संवाद इतना आसान
नहीं हो सकता है,
सागर बनकर तूफ़ानों संग
ख़लल के बीच
सागर का अनुभव
हो तो सकता है,
मगर होता बहुत कठिन,
आदमी है कि जो
कामचलाऊ संवाद से
आज तक
राजी होता आ रहा है।

तेरी दुनिया, मेरी दुनिया ४७

तेरी दुनिया है गर
तो सुन ले
कि मेरी भी
एक दुनिया है,
औ' तुझसे ज़रा भी
कम नहीं,
छोटी नहीं,
मेरी दुनिया में
तेरी दुनिया की तरह
बस किताबों का
जत्था नहीं है,
उसमें है
ज़िन्दा आदमियों की सेवा
औ' उनका पेट पालना भी।

७७ सुनने की क्षमता

नदी के पास
पहुँचते ही
जो कलकल की आवाज़
आने लगती है
उसे सुनने की क्षमता से ही तो
विकास हुआ
अस्तित्व में न जाने
कितनी ध्वनियों के साथ
संवेदनशील बनने का सिलसिला,
औ' तभी तो नदी का जल
आदमी को भीतर से
आज भी शीतल बनाता
आ रहा है।

अनंत में विलीन

हरे भरे पत्तों
को देखकर
जीवन को देखने का
असली गुर सीख ले,
मगर इस बात से तो
न कर इन्कार कभी तू
कि हरा ही एक दिन पीला
बन जाता है,
औ' फिर एक दिन
वही पीला
अनंत में विलीन
हो जाता है।

७२ ज़िंदगी का आईना

काश! तू मुझे छोड़कर
स्वयं को देखने पर
ठीक से
अपनी नज़रें गड़ाता
तो सुझावों की फ़ेहरिस्त
तू स्वयं के साथ भी
साझा कर पाता
जिनमें तू मुझे कोसता है
औ' जो फिर
तुझे कोसते हुए नज़र आते...
काश! तू ऐसा कर पाता
तो तुझे देखने को ज़िंदगी का
आईना मिल जाता।

तू समझ ही नहीं पाया ७३

तुझे हरदम ही
मैंने बस दूसरों में
नुक़्श निकालते देखा है
औ' वह भी
बड़े ही विभत्स तरीक़े से,
पर एक बात
तू समझ ही नहीं पाया
कि तेरा अपना ही ध्यान
जब कमियों पर है
तो तू दूसरों को अच्छी बातें
कैसे कभी सिखा सकता है?

७५   निंदा में ना पड़ना

तू अपनी बात
बेबाक़ी से रख
तुझको कौन मना करता है?
बस तू भूलकर भी
किसी की निंदा में ना पड़ना,
निंदा में ख़र्च होती है
बड़ी ऊर्जा
क्यूँ नहीं तू किसी सही काम में
लगा लेता है
उतनी ऊर्जा?

एक और जुदास ७५

तू बाग़ी नहीं
दाग़ी थी
तुझसे हर कोई
घृणा करता है,
तेरे नाम पर
तू ही सोचकर देख
एक भी आश्रम
न तो बना है
औ' न बन सकता है,
तू गिरी थी
महासागर की नज़र से,
अब उठने का प्रयास भी
तू फ़िज़ूल में ना कर,
मसाले जैसी चटपटी बातों में
भले ही तुझको
जगह मिल जाए,
पर इतिहास सदा तुझे
एक और जुदास
के रूप में ही जानेगा।

७६   तेरा नाम

तेरा नाम रखने में भी
अब होगा सबको गुरेज़
तुझसे तो शायद हर कोई
इस दुनिया में सदा रखेगा परहेज़,
तू खो गयी थी दुनिया में
तेरा नाम होकर भी
बहुत ज़्यादा बदनाम था
तूने उस शख़्श को धोखा दिया
जो मूढ़ों के लिए ही बस बदनाम था
सच्चे दिलों में
वही वास वही सदा सदा बसा है
तेरा नाम उसके साथ
बस उसके कारण ही
जाना जा सकता है,
अकेले
तेरा कोई अस्तित्व नहीं।

अनजाना मुसाफ़िर

मेरे जीवन
यात्रा को देखकर
तू बिल्कुल भी
कभी ये ना सोचना
कि तू मेरे बारे में
कभी भी कुछ भी
जान सकता है,
जो दुनिया
तुझको दिखती है
वो बड़ी अधूरी है,
मैं भी अपनी दुनिया में
बहुत अकेला हूँ,
कई जाने, अनजाने तलों पर
जीने वाला अनजाना मुसाफ़िर हूँ,
मुझे तो ख़ुद का ही
कुछ पता नहीं है
तो बता तू कैसे मुझे
कभी भी जान सकता है?

७४   यही आरज़ू है मेरी

तेरी दुनिया
तेरी दुनिया है
मेरी दुनिया है मेरी,
तू अपने जीवन में
सुख से जी ले
यही आरज़ू है मेरी,
पर हम दोनों
कभी सुख से
नहीं रह सकते
गर हम न हुए मुख़ातिब
उस दुनिया से
जो तेरे लिए तेरी है
औ' मेरे लिए मेरी।

अजीब-सा फ़लसफ़ा

तेरे घर में ही था
सागर
तू नहीं भर पाया जिससे
कभी अपनी गागर,
यही जीवन का
अजीब-सा
एक फ़लसफ़ा है,
सामने होती है चीज़
पर आदमी चूक जाता है
औ' जिनके पास नहीं होता
वो न जाने कैसे
उसे पा जाते हैं,
शायद उनके पास
प्यास होती है
इसलिए।

१०७ ज़िंदगी का गीत

अब से

कुछ देर के लिए ही सही

मगर ठहरूंगा,

आँख बंद करते ही

हर रोज़ की तरह

अब नहीं सोउंगा,

अब तक का जीवन

लगता है शायद

कुछ सिखा नहीं पाया,

अभी तक ज़िंदगी का गीत

मैं गा नहीं पाया

अब जीवन के गीत को

मुझे हर हाल में गाना है

जो अभी तक रहा मुझसे रूठा

उसे अब मनाना है।

डॉ० प्रवीण कुमार अंशुमान की रचनाएं

1. 'स्टोपार्डियन कोकोनट्स', ऑथर्स प्रेस, नई दिल्ली (2015).

2. 'चेंजिंग कम्प्लेक्शन ऑफ़ डेल्ही: अ स्टडी ऑफ़ झुग्गी-झोपड़ी क्लस्टर एंड कल्चरल ट्रांजीशन', न्यू डेल्ही पब्लिशर्स, नई दिल्ली (2017).

3. 'इकोसेन्सिबिलिटीज़: फाइन्डिंग पाथ टू हार्मनी', श्री पब्लिशर्स एंड डिस्ट्रीब्यूटर्स, नई दिल्ली (2018).

4. 'आखर सोवत नाहीं', डायमंड पब्लिकेशन, नई दिल्ली (2019).

5. 'मानुष जागत नाहीं', डायमंड पब्लिकेशन, नई दिल्ली (2019).

6. 'दी फेमिश्ड गॉड्स', फैरोज़ पब्लिकेशन, नई दिल्ली (2020).

7. 'डीप्रेस्ड डिटीज़', ऑथर्स प्रेस, नई दिल्ली (2020).

8. 'कास्टिंग आउट दी कास्ट: अक्करमाशी, दी आउटकास्ट', एच पी हेमिल्टन, लंदन (2020).

9. 'शब्द-संवाद', ऑथर्स प्रेस, नई दिल्ली (2021).

10. 'डी3 एंड टी3 ऑफ़ दी महाभारत', खंड – 1, ऑथर्स प्रेस, नई दिल्ली (2021).

11. 'डी3 एंड टी3 ऑफ़ दी महाभारत', खंड – 2, ऑथर्स प्रेस, नई दिल्ली (2021).

12. 'शब्द-दर्शन', ऑथर्स प्रेस, नई दिल्ली (2022).

13. 'मैं कवि-हृदय हूँ, कवि नहीं', डायमंड पब्लिकेशन, नई दिल्ली (2022).

14. 'लो, आज याशी मेरे घर आयी', श्वेतवर्णा प्रकाशन, नई दिल्ली (2023).

15. 'डायलेक्टिक्स अशरिंग टीचर्स एक्सेशन', अस्तित्व प्रकाशन, छत्तीसगढ़ (2023).

16. 'अदृश्य लोक के आँगन से', हैचएग पब्लिकेशन, नई दिल्ली (2023).

17. 'अभ्युत्थानम्: टू अवेक एंड अराइज़', खंड – 1, प्रभाकर प्रकाशन, नई दिल्ली (2024).

18. 'राहुल: दी सन ऑफ़ गौतम' बुद्ध (अनुवाद), प्रभाकर प्रकाशन, नई दिल्ली (2024).

नोट्स

नोट्स

नोट्स

नोट्स